생생한 화보 사진으로 보는 백과사전!!

공룡

생생한 화보 사진으로 보는 백과사전!!

공룡

공룡은 언제 살았나 ········ 8
공룡의 분류 ········ 10

육식공룡 ········ 12
티라노사우루스 ········ 14
스피노사우루스 ········ 16
데이노니쿠스 ········ 18
기가노토사우루스 ········ 20
디메트로돈 ········ 22
딜로포사우루스 ········ 24
메갈로사우루스 ········ 26
알로사우루스 ········ 28
에오랍토르 ········ 30
오르니토미무스 ········ 32
오비랍토르 ········ 34
케라토사우루스 ········ 36
코엘로피시스 ········ 38

초식공룡 ···· 40
노도사우루스 ···· 42
디플로도쿠스 ···· 44
마멘키사우루스 ···· 46
마이아사우라 ···· 48
스티라코사우루스 ···· 50
브라킬로포사우루스 ···· 52
슈노사우루스 ···· 54
세이스모사우루스 ···· 56
센트로사우루스 ···· 58
스테고사우루스 ···· 60
아파토사우루스 ···· 62
안킬로사우루스 ···· 64
유오플로케팔루스 ···· 66
친타오사우루스 ···· 68
코리토사우루스 ···· 70
테논토사우루스 ···· 72
투오지앙고사우루스 ···· 74

트리케라톱스 ···· 76
파라사우롤로푸스 ···· 78
파키케팔로사우루스 ···· 80
프로토케라톱스 ···· 82

익룡과 수장룡 ···· 84
프테라노돈 ···· 86
프테로닥틸루스 ···· 88
람포린쿠스 ···· 90
케찰코아틀루스 ···· 92
해남이크누스 ···· 94
엘라스모사우루스 ···· 96
크로노사우루스 ···· 98

찾아보기_INDEX ···· 100

 공룡은 언제 살았나요?

　공룡은 약 2억 2천백만 년 전부터 약 6천5백만 년 전인 중생대에 존재했던 파충류를 말합니다. 중생대는 트라이아스기·쥐라기·백악기 등 세 부분으로 나뉘어 총 2억 년이 넘는 기간으로, 공룡이 지구상에 존재하였던 시기입니다. '공룡'이라는 말은 그리스어로 **'데이노사우루스'**, 즉 **'무서운 도마뱀'**이라는 뜻으로 붙여졌고 우리나라에서는 '무서운 용'이라는 뜻입니다.

　　공룡은 발견 당시 화석의 뼈나 생김새에 따라 그 시기와 종류를 나누고 있습니다.

중생대에 걸쳐 살았던 공룡

 공룡은 트라이아스기에 맨 처음 지구상에 나타났습니다. 이때에는 기후가 건조했다가 백악기로 갈수록 습하고 더워졌습니다. 초여름처럼 따뜻한 지구에는 나무들이 쑥쑥 자랐기 때문에 나무와 풀을 먹는 초식공룡이 늘어나고 또 점점 거대해졌답니다. 그에 따라 초식공룡을 잡아먹는 육식공룡의 수도 함께 늘어나게 되었지요. 그러나 공룡은 계속된 화산 폭발이나 지구와 거대한 운석이 충돌한 뒤 지구가 급격히 추워지는 빙하기를 맞이하면서 완전히 멸종되었답니다.

 공룡의 분류

공룡은 중생대 지구상에 살았던 파충류 무리를 부르는 이름입니다. 하늘을 나는 공룡을 익룡이라고 부르고, 물속에 사는 공룡을 수장룡이라고 부릅니다. 땅 위에 사는 공룡은 흔히 육식공룡·초식공룡으로 나누어 부르지만, 더 구체적으로는 엉덩이뼈의 모양이나 뿔, 골판, 갑옷 등 생김새에 따라 아래와 같이 분류를 한답니다.

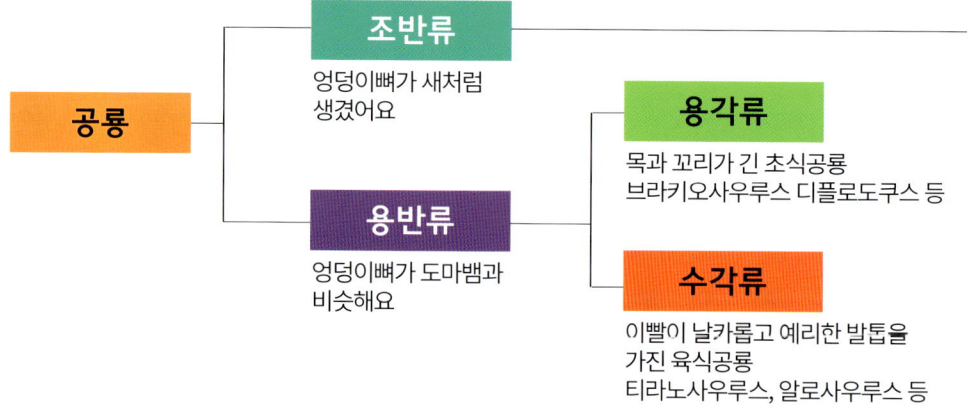

검룡류

몸에 뿔 모양의 돌기, 등에는
판 모양의 돌기가 있어요
스테고사우루스, 켄트로사우루스 등

스테고사우루스

곡룡류

머리와 온몸에 두꺼운 갑옷으로
덮여 있어요
안킬로사우루스, 에드몬토니아 등

안킬로사우루스

각룡류

얼굴에 크거나 작은 뿔이 있어요
트리케라톱스, 프로토케라톱스 등

트리케라톱스

조각류

주둥이가 오리처럼 생기고
다리는 새처럼 생겼어요
이구아노돈, 캄프토사우루스 등

캄프토사우루스

대표적인 육식공룡

기가노토사우루스
데이노니쿠스
디메트로돈
딜로포사우루스
메갈로사우루스
스피노사우루스
알로사우루스
에오랍토르
오르니토미무스
오비랍토르
케라토사우루스
코엘로피시스
티라노사우루스

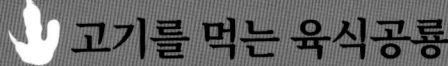 고기를 먹는 육식공룡

육식공룡은 다른 초식공룡을 먹이로 하거나
작은 공룡을 잡아먹는 공룡입니다.
초식공룡처럼 몸에 갑옷이나 뿔은 없지만,
뒷발에 비해 짧은 앞발에는 뾰족하고
강력한 발톱을 지니고 있는 것이 특징입니다.
몸집이 초식동물보다 작을 수 있지만
튼튼한 두 발로 서서 강한 꼬리와
사나운 이빨로 상대를 단숨에 제압하고
앞발로 먹잇감을 움켜쥘 수가 있었습니다.
큰 육식공룡은 혼자서 사냥을 하지만
작은 공룡은 무리를 지어 다니며 사냥을 했답니다.
대표적인 육식공룡인 티라노사우루스는
육식공룡의 특징들을 잘 보여주고 있습니다.

티라노사우루스
Tyrannosaurus

종류와 식성 : 수각류/육식성	시 대 : 백악기 후기
몸길이와 무게 : 10~12m/4~7t	발견지 : 북아메리카

'폭군 도마뱀'이라는 뜻의 티라노사우루스는 육식공룡 중에서 가장 난폭하고 무서운 공룡으로 잘 알려져 있습니다.

날카롭고 단단한 이빨이 촘촘하게 박혀있어서 입으로 무는 힘이 사자보다 15배 이상 높다고 합니다. 특히 30cm나 되는 긴 이빨은 한번 물면 뼈까지도 뚫는 힘이 있어서 다른 공룡 화석에서 티라노의 이빨 자국이 남아있을 정도입니다.

육중한 뒷다리로 2족 보행을 할 수 있었고 길고 튼튼한 꼬리로 상대를 쳐서 제압하고 종류를 가리지 않고 모든 동물을 먹어 치웠습니다.

▲티라노사우루스의 뼈

스피노사우루스
Spinosaurus

종류와 식성 : 수각류/육식성	시 대 : 백악기
몸길이와 무게 : 10~16m/4~11t	발견지 : 아프리카(이집트)

'가시 도마뱀'이라는 뜻의 스피노사우루스는 백악기에 살던 가장 큰 육식공룡이면서 아주 사납고 무서운 척추 도마뱀입니다. 등 한가운데에 단단하고 묵직한 부챗살 같은 돛이 솟아 있는데 이 돛은 척추 돌기가 솟아서 된 것으로 높이가 2m에 달하기도 합니다. 돛 안에 실핏줄이 있어서 체온을 조절하는 역할을 하였습니다.

몸매가 날렵하고 튼튼한 뒷다리가 있어 사냥할 때는 매우 빠른 속도로 달릴 수 있으며 땅 위에 사는 파충류 외에 물속에 사는 대형 물고기와 해양 파충류들을 잡아먹을 수 있습니다.

데이노니쿠스
Deinonychus

종류와 식성 : 수각류/육식성	시 대 : 백악기 전기
몸길이와 무게 : 2~3m/25~90kg	발견지 : 남아메리카

　'끔찍한 발톱'이라는 뜻의 데이노니쿠스는 꼬리가 길고 앞발과 뒷발에 이름처럼 끔찍한 갈고리발톱이 달려있습니다.

　최대 18cm에 달하는 커다란 발톱은 나무를 올라타기도 하고 먹잇감을 사냥하는 데 쓰였습니다. 이 무서운 발톱은 먹이를 움켜쥐면 뼈까지도 뚫을 수 있을 정도로 강력한 무기입니다.

　뒷다리가 길고 날렵하여 민첩하게 잘 달릴 수 있었습니다.

　데이노니쿠스는 혼자서 단독으로 사냥하지 않고, 무리를 지어 생활하면서 함께 사냥하러 다녔습니다.

기가노토사우루스
Giganotosaurus

종류와 식성 : 수각류/육식성	시 대 : 백악기 전기
몸길이와 무게 : 12~14m/6t	발견지 : 아르헨티나

'거대한 남쪽 도마뱀'이라는 뜻의 기가노토사우루스는 자연사 기록상 가장 큰 육식공룡으로 14m에 달하고 있습니다. 이것은 티라노사우루스보다 1m 이상 더 큰 것도 있었습니다.

그러나 덩치에 비해 잘 발달한 뒷다리와 몸의 무게 중심을 잡아주는 꼬리로 빠르게 달릴 수 있었고 거대한 용각류 공룡들보다 힘이 좋았습니다.

주둥이에는 14~20cm의 날카롭고 안으로 구부러져 있는 이빨이 있어서 먹잇감을 베거나 뜯는 형태로 사냥을 하였습니다.

디메트로돈
Dimetrodon

종류와 식성 : 원시파충류/육식성	시　대 : 페름기
몸길이 : 3~4m	발견지 : 북아메리카(미국 텍사스)

'두 종류의 이빨'이라는 뜻의 디메트로돈은 엄밀히 말하면 공룡이 아니고, 중생대 이전 시대인 고생대에 살아가던 파충류의 조상으로 여겨지고 있으며, 원시 파충류로 분류하고 있습니다.

작고 듬성듬성하지만 매우 뾰족하고 날카로운 이빨로 초식 동물을 잡아먹는 무서운 존재입니다. 등에 있는 커다란 돌기는 태양의 열을 흡수하여 몸 안에 가두었다가 몸의 체온을 조절하는 역할을 하였고 긴 꼬리와 함께 몸의 균형을 잡고 적으로부터 방어하는 역할도 하였습니다.

돌기 안에 길고 가는 뼈가 펼쳐져 있어
휘거나 접히지 않고 단단합니다.

딜로포사우루스
Dilophosaurus

종류와 식성 : 수각류/육식성	시 대 : 쥐라기 전기
몸길이 : 6m	발견지 : 북아메리카(미국)

 '볏이 두 개 달린 도마뱀'이라는 뜻의 딜로포사우루스는 머리 위에 30cm가량의 볏이 달린 것이 특징입니다. 색깔이 화려하여 수컷이 자신을 뽐내는 장식 역할을 하였던 것으로 추정하고 있습니다.

 앞발의 발톱은 10cm가 넘고 날카롭게 휘어져 있어서 작은 동물을 움켜쥐거나 찢어서 먹이를 잡는 데 이용되었습니다.

 6m의 커다란 덩치에 반을 차지하는 뒷다리와 커다란 발로 2족 보행을 하며 상대를 위협하고 재빨리 달릴 수 있었습니다.

메갈로사우루스
Megalosaurus

종류와 식성 : 수각류/육식성	시 대 : 쥐라기 중기
몸길이와 무게 : 5~9m/500kg	발견지 : 유라시아

'거대한 도마뱀'이라는 뜻의 메갈로사우루스는, 공룡 중에서 최초로 이름이 붙여진 공룡입니다. 1824년 영국의 지질학자 윌리엄 버클랜드가 처음으로 이름을 붙여주었다고 합니다.

육식공룡의 특징인 작은 앞발과 날카로운 발톱, 뾰족한 이빨들이 촘촘하게 나 있고 육중하고 안정적인 뒷다리로 빠르게 달릴 수 있습니다. 특히 메갈로사우루스는 무리를 지어 다니며 사냥을 했는데 커다란 두개골과 무서운 발톱으로 자기보다 큰 공룡을 사냥할 수 있었습니다.

알로사우루스
Allosaurus

종류와 식성 : 수각류/육식성	시 대 : 쥐라기 후기
몸길이와 몸무게 : 10~12m/1.4~2t	발견지 : 북아메리카, 아프리카, 오스트레일리아

 '이상한 도마뱀'이라는 뜻의 알로사우루스는 쥐라기 시대에 살던 육식공룡 중에서 가장 크고 강한 공룡이었습니다.

 몸집이 거대하여 혼자 생활하면서 사냥을 하였고 무시무시한 이빨과 두꺼우면서도 날카로운 앞발톱으로 초식공룡은 물론 육식공룡도 사냥할 수 있는 무서운 포식자입니다.

 육식공룡의 대표적인 몸 형태로, 안정적이고 힘찬 꼬리와 육중한 뒷다리로 2족 보행을 하며 커다란 소리로 상대를 위협하거나 제압하였습니다.

에오랍토르
Eoraptor

종류와 식성 : 수각류/육식성   시　대 : 트라이아스기 후기
몸길이와 무게 : 1m/10kg   발견지 : 남아메리카

　'새벽의 약탈자'라는 뜻의 에오랍토르는, 키가 1m에 몸무게가 10kg 정도의 몸집을 가지고 있습니다. 목 뒤부터 꼬리까지 뾰족한 돌기가 있어 상대의 위협에 대항할 수 있었고 전체적으로 몸이 가볍고 날렵하여 민첩하고 재빠르게 사냥할 수 있었습니다.

　이름에서 알 수 있듯이 모두가 잠든 새벽에, 주로 자기보다 작은 동물을 사냥하였고 그 성공률이 매우 높았습니다.

　가벼운 몸집으로 인해 타조처럼 매우 빠르게 이동하고 몸을 숨기는 데도 이로웠을 것으로 추정하고 있습니다.

오르니토미무스
Ornithomimus

종류와 식성 : 수각류/육식성	시 대 : 백악기 후기
몸길이 : 3~5m	발견지 : 미국, 캐나다

'새를 닮은 공룡'이라는 오르니토미무스는 타조와 같이 날지는 못하지만 빠르게 뛸 수 있었고 화석에서 깃털의 흔적이 발견되기도 하였습니다. 그래서 이름 외에 북아메리카의 첫 깃털공룡이라는 별명이 있습니다. 이 깃털 화석은 조류의 진화과정을 추측할 수 있는데 도움이 되고 있습니다.

몸집에 비해 작은 머리와 긴 목, 날카로운 발톱들로 작은 동물을 사냥하였으며 이빨이 작아 사냥감을 물어뜯지 않고 꿀꺽 삼켜 소화했던 것으로 추정하고 있습니다.

오비랍토르
Oviraptor

종류와 식성 : 수각류/육식성	시 대 : 백악기 후기
몸길이와 무게 : 2~3m/25~80kg	발견지 : 미국, 캐나다

 '알 도둑'이라는 뜻의 오비랍토르는 화석이 처음 발견될 당시 프로토케라톱스의 알과 같은 공룡알과 함께 발견되었습니다. 아마도 오비랍토르가 다른 공룡의 알을 훔쳐서 먹이로 먹었을 것으로 짐작하여 붙여진 이름입니다. 그러나 오비랍토르는 새처럼 둥지를 틀고 둥지 안에 알을 품어 새끼를 돌보며 살았습니다.

 머리 위에 단단한 볏이 있었고 앵무새처럼 둥그런 주둥이에는 이빨이 없습니다. 2족 보행을 하며 날렵하게 달릴 수 있었고 날카로운 앞발톱으로 작은 동물이나 곤충을 먹었답니다.

케라토사우루스
Ceratosaurus

종류와 식성 : 수각류/육식성
몸길이 : 6m
시　대 : 쥐라기 후기
발견지 : 북아메리카(미국)

'뿔이 있는 도마뱀'이라는 뜻의 케라토사우루스는 콧등부터 이마까지 세 개의 뿔이 있습니다. 뿔의 크기로 보아 상대를 제압하는 데 쓰이기는 힘들고 수컷이 자신을 뽐내기 위해 있는 장식품이나 위협을 주는 용도로 쓰였을 것입니다.

화석이 발견된 장소에는 여러 마리의 케라토사우루스 발자국이 발견된 것으로 보아 무리 지어 생활했다는 것을 알 수 있습니다.

몸의 형태는 수각류의 대표적인 모습으로, 날카로운 이빨과 예리한 발톱으로 월등한 육식공룡의 포식자로 분류되고 있습니다.

코엘로피시스
Coelophysis

종류와 식성 : 수각류/육식성	시 대 : 트라이아스기 후기
몸길이와 무게 : 3m/20kg	발견지 : 북아메리카(미국)

 '뼛속이 빈 공룡'이라는 뜻의 코엘로피시스는 육식공룡 중에는 몸집이 작은 편이지만 매우 사납고 예민한 공룡이었습니다. 특히 발견된 화석의 뱃속에서 새끼 공룡들이 나왔는데 다른 공룡 외에 같은 종의 새끼도 잡아먹었을 것으로 추정하였답니다. 또한 무리를 지어 생활하였다는 것도 알 수 있습니다.

 앞다리가 얇고 뒷다리도 육중하지 않았지만, 꼬리가 길어서 몸의 중심을 잡고 다른 공룡과 싸우거나 사냥을 할 때 주요 무기가 되었습니다. 뾰족한 주둥이는 작은 동물을 잡아먹기 좋았습니다.

대표적인 초식공룡

마멘키사우루스
브라킬로포사우루스
슈노사우루스
센트로사우루스
스테고사우루스
아파토사우루스
안킬로사우루스
친타오사우루스
코리토사우루스
테논토사우루스
트리케라톱스
파라사우롤로푸스
파키케팔로사우루스

풀과 나무를 먹는 초식공룡

초식공룡은 풀이나 나뭇가지, 나무 열매 등
식물을 먹는 공룡입니다.
나무와 풀이 자라기 좋은 기후에 따라
먹잇감이 풍성하여 몸집도 거대하게 발달하였고
육식공룡보다 그 수가 훨씬 더 많답니다.

초식공룡들은 높은 나무 위에 있는 열매를 먹기 위해
머리는 작고 목이 길게 발달하였습니다.
그리고 육식공룡의 공격을 방어하기 위하여
온몸에 갑옷을 두르거나 뿔, 뭉치가 달린 꼬리로
상대를 물리치고 자신을 지킬 수 있었습니다.

노도사우루스
Nodosaurus

종류와 식성 : 조반류/초식성
몸길이 : 4~5m
시 대 : 백악기 후기
발견지 : 남아메리카(미국)

 '매듭이 지어진 도마뱀'이라는 뜻의 노도사우루스는 목 뒤부터 꼬리 끝까지 매듭처럼 생긴 돌기로 모두 덮여있습니다. 주로 땅 위에 난 풀이나 나뭇가지를 먹는 입장이어서, 육식공룡이나 다른 짐승들의 공격을 막고 힘이 세 보이게 하여 자신의 몸을 방어하고 지켰을 것입니다. 두껍고 육중한 다리는 4족 보행을 하였고 등이 무거워도 넘어지지 않는 지지대가 되었습니다.

디플로도쿠스
Diplodocus

종류와 식성 : 용각류/초식성	시 대 : 쥐라기 후기
몸길이와 무게 : 27~30m/15t	발견지 : 북아메리카

 '두 개의 기둥(줄기)'이라는 뜻의 디플로도쿠스는 긴 목뼈나 등뼈 속이 비어있어서 지어진 이름입니다. 긴 목과 긴 꼬리는 용반류에서 용각류로 나누어지는 공룡의 대표적인 모습입니다.

 목의 길이는 보통 7~8m이고 작은 머리에 이빨이 빗처럼 생겨 높은 나무 위에 식물을 훑어 먹을 수 있었습니다. 꼬리는 목보다 더 길어서 꼬리가 긴 공룡 종류 중에서도 가장 꼬리가 긴 공룡입니다. 목 뒤부터 꼬리까지 작은 뿔처럼 돌기들이 나 있어서 공격하는 상대를 물리칠 수 있습니다. 콧구멍이 머리 위에 있어 물에서도 편하게 살 수 있었습니다.

마멘키사우루스
Mamenchisaurus

종류와 식성 : 용각류/초식성	시 대 : 쥐라기 후기
몸길이와 무게 : 25~30m/25t	발견지 : 유라시아

'마멘크시의 도마뱀'이라는 뜻의 마멘키사우루스는 중국 쓰촨성의 마멘크시에서 화석이 발견되어 붙여진 이름입니다. 몸의 길이가 평균 25m인데 목의 길이만 15m나 되어 목이 매우 긴 공룡입니다.

그러나 꼬리의 뼈가 유연하게 연결되어 있고 머리가 가벼워서, 사냥을 하거나 공격하는 상대를 꼬리로 쳐서 물리치기에는 충분한 방어막이 되었습니다.

목이 길고 꼬리가 긴 용각류의 공룡들은 대부분 나뭇잎이나 과일을 먹는 식습관으로 성격이 온순하고 거칠지 않았습니다.

마이아사우라
Maiasaura

종류와 식성 : 조각류/초식성	시 대 : 백악기 후기
몸길이와 무게 : 7~9m/2~3t	발견지 : 북아메리카(미국)

 '착한 어미 도마뱀'이라는 뜻의 마이아사우라는 둥지에서 새끼를 키우며 나뭇가지나 열매 먹이를 입으로 물어다 주어 지어진 이름입니다. 발견된 화석 중에는 둥지에 30~40개의 알이 있었고 여러 마리의 동족 공룡이 있어 무리 지어 생활했다는 것을 알 수 있습니다.

 눈 위에 삼각 모양의 둥근 볏이 특징이고 오리 주둥이처럼 생긴 주둥이로 단단한 열매도 잘 씹어먹었던 것으로 보입니다.

 몸집에 비해 길고 굵은 꼬리는 7m 이상의 덩치를 균형 있게 지탱하기 좋았고 2족 혹은 4족 보행을 병행할 수 있었습니다.

스티라코사우루스

Styracosaurus

종류와 식성 : 각룡류/초식성	시 대 : 백악기 후기
몸길이와 무게 : 5m/2~3t	발견지 : 북아메리카

'긴 가시가 있는 도마뱀'이란 뜻의 스티라코사우루스는 콧등에 달린 뿔과 머리 위에 무시무시한 뿔이 달린 커다란 프릴을 보고 지어진 이름입니다. 생김새는 화려하고 무섭게 생겼지만 비교적 작은 몸집에 육중하지 않은 다리로 재빠르게 움직일 수 있었고, 부리처럼 생긴 주둥이로는 작고 부드러운 풀이나 열매를 뜯어 먹었습니다.

초식공룡들의 이러한 뿔은 과시용이나 육식공룡에게 대항하기 위한 자기방어용이 대부분입니다.

브라킬로포사우루스
Brachylophosaurus

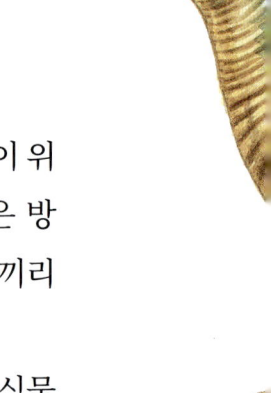

종류와 식성 : 각룡류/초식성	시 대 : 백악기 후기
몸길이 : 7~8m	발견지 : 미국, 캐나다

'짧은 볏 도마뱀'이라는 뜻의 브라킬로포사우루스는 주둥이 위로 얇고 넓게 펼쳐진 볏을 보고 지어진 이름입니다. 이 볏은 방어용이라기보다는 암컷에게 뽐내기 위한 과시용이나 수컷들끼리 서열을 정하는데 필요한 장식용으로 추정하고 있습니다.

작게 휘어진 주둥이에는 이빨이 크게 발달하지 않아 거친 식물보다는 촉촉하고 부드러운 다양한 먹이를 좋아했습니다.

브라킬로포사우루스는 무리를 지어 생활하면서 공동으로 육식 공격자에 대항하며 살았습니다.

슈노사우루스
Shunosaurus

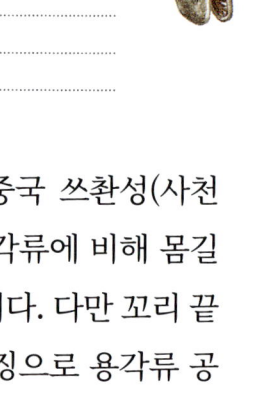

종류와 식성 : 용각류/초식성	시 대 : 쥐라기 중기
몸길이와 무게 : 9~11m /10t	발견지 : 중국

'슈노 도마뱀'이라는 뜻의 슈노사우루스는 중국 쓰촨성(사천성)에서 처음 화석이 발견되었습니다. 다른 용각류에 비해 몸길이가 길지 않고 목이나 꼬리도 많이 길지 않습니다. 다만 꼬리 끝에 뿔이나 창으로 보이는 돌기가 달린 것이 특징으로 용각류 공룡 중에서 이런 꼬리는 유일합니다.

온순한 성격이지만 온몸에 주름이 많고 돌기 달린 꼬리를 좌우로 흔들며 늪지나 초원지대를 걸어 다니면서 대단히 위협적인 모습을 보여주었습니다.

세이스모사우루스
Seismosaurus

종류와 식성 : 용각류/초식성	시 대 : 쥐라기 후기
몸길이와 무게 : 30~40m/30t	발견지 : 미국 뉴멕시코

 '지진 도마뱀'이라는 뜻의 세이스모사우루스는 30m 이상, 30t의 거대한 몸집 때문에 걸어 다닐 때마다 지진이 날 것처럼 땅이 울렸을 것으로 추정하여 지은 이름입니다.

 지구상에 있는 모든 동물 중에서 가장 크고 무거운 것으로 아주 큰 것은 100t이 넘는 것도 있었습니다. 몸집과 달리 온순했던 이 공룡은 엄청난 양의 나뭇잎을 먹었고 뱃속에서는 소화를 돕는 위석(돌)이 화석에서 발견되기도 하였습니다. 목과 꼬리가 길지만 무겁지 않아 자유롭게 움직일 수 있었습니다.

센트로사우루스
Centrosaurus

종류와 식성 : 각룡류/초식성	시 대 : 백악기 후기
몸길이 : 5~6m	발견지 : 북아메리카(미국, 캐나다)

'가운데 도마뱀'이라는 뜻의 센트로사우루스는 콧등 가운데에 커다랗고 휜 뿔이 뾰족하게 난 모습을 보고 지어진 이름입니다. 눈 위에 튀어나온 볏에도 작은 뿔이 있고 머리 뒤에 프릴을 따라 크고 작은 뿔들이 멋지게 솟아있습니다. 그 때문에 머리가 1m나 될 정도로 크고 무거웠는데 튼튼한 다리와 육중한 꼬리가 몸의 중심을 지탱해주었습니다. 무리를 지어 생활하면서 열매와 나뭇잎을 먹으며 살았습니다.

스테고사우루스
Stegosaurus

종류와 식성 : 검룡류/초식성	시 대 : 쥐라기 후기
몸길이 : 5~9m	발견지 : 북아메리카(미국)

 '지붕 도마뱀'이라는 뜻의 스테고사우루스는 등줄기 따라 줄줄이 나 있는 골판을 보고 지은 이름입니다. '스테고'라는 말이 골판을 가리키는 말입니다. 이 골판은 등을 따라 10~11쌍이 나 있고 오각형 모양으로 몸의 체온을 유지하고 과시용으로도 충분했습니다. 특히 꼬리 끝에는 길게 뿔 같은 가시가 달려서 육식공룡의 공격으로부터 방어할 수 있는 무기가 되었습니다.
 겉모습과 달리 머리가 작아서 뇌도 작아 게으르거나 느리게 행동하는 공룡이었을 것으로 추정하고 있습니다.

아파토사우루스
Apatosaurus

종류와 식성 : 용각류/초식성	시 대 : 쥐라기 후기
몸길이와 무게 : 23m/16t	발견지 : 북아메리카

 '속이는 도마뱀'이라는 뜻의 아파토사우루스는 발견 당시 다른 공룡으로 분류되었다가 나중에 제대로 알게 된 후에 지어진 이름입니다. 꼬리가 길고 목이 길며 머리는 작아서 용각류의 대표적인 모습입니다. 거대하고 긴 꼬리는 육식공룡을 한 번에 날려버릴 수 있는 위력이 있어서 온순한 초식공룡이라고 해도 함부로 공격할 수 없었습니다. 앞발에는 엄지에 해당하는 발톱이 크고 두껍게 튀어나와 있는데 안쪽으로 구부러져 땅을 파거나 작은 동물을 제압하는데 이용되었을 것으로 추정하고 있습니다.

안킬로사우루스
Ankylosaurus

종류와 식성 : 곡룡류/초식성	시 대 : 백악기 후기
몸길이와 무게 : 8~9m/5t	발견지 : 북아메리카

  '연결된 도마뱀'이라는 뜻의 안킬로사우루스는 머리 양쪽과 양쪽 볼에 두껍고 뾰족한 돌기가 나 있고 목 뒤부터 꼬리까지 골편이 단단하게 덮여있습니다. 그 골편 위에는 뿔과 같은 가시가 줄지어 나 있고 꼬리 끝에는 돌처럼 강력한 곤봉 모양의 돌기가 있어서 겉모습만 보아도 무시무시하고 함부로 대적할 수 없는 상대임을 과시하고 있습니다.
  앵무새와 같은 주둥이로 단단한 열매나 나뭇가지를 먹었고 육중한 다리로 4족 보행을 하였습니다.

유오플로케팔루스
Euoplocephalus

종류와 식성 : 조반류/초식성	시 대 : 백악기 후기
몸길이와 무게 : 5~6m/2t	발견지 : 북아메리카(캐나다)

 '진짜 장갑이 된 머리'라는 뜻의 유오플로케팔루스는 목부터 꼬리까지 뾰족한 뿔이 있는 단단한 갑옷으로 덮여있어서 지어진 이름입니다. 두꺼운 갑옷에 비해 근육이 잘 발달하여 자유롭게 몸을 움직일 수 있었고, 특히 꼬리 끝에 달린 30kg이 넘는 곤봉 모양의 돌기를 흔들며 상대를 제압하고 공격에 방어할 수 있었습니다.
 새 모양의 주둥이에는 이빨이 없어서 씹어먹는 게 아니라 힘으로 자르거나 눌러서 식물을 먹었습니다.

친타오사우루스
Tsintaosaurus

종류와 식성 : 조각류/초식성
시　대 : 백악기 후기
몸길이 : 10m
발견지 : 아시아(중국)

　'친타오 도마뱀'이라는 뜻의 친타오사우루스는 중국 친타오 지역에서 화석이 발견되어 지어진 이름입니다. 대표적인 특징으로는 이마 위에 불쑥 솟은 뿔 모양 돌기인데요, 뼈가 없어 단단하지 않고 쉽게 부서질 수 있는 자기 과시용 돌기로 보고 있습니다. 몸에 비해 육중한 꼬리는 공격으로부터 방어했으며, 굵지 않고 비교적 가는 다리로 날렵하고 민첩하게 움직였습니다.

　작은 앞발로는 열매나 나무를 움켜쥐고 먹을 수 있었고 주로 2족 보행을 한다는 것을 알 수 있습니다.

코리토사우루스
Corythosaurus

종류와 식성 : 조각류/초식성	시 대 : 백악기 후기
몸길이와 무게 : 9~10m/4t	발견지 : 북아메리카

'헬멧 도마뱀'이라는 뜻의 코리토사우루스는 주둥이 위부터 머리 뒤까지 커다랗고 긴 골즐이 있는 형태를 보고 헬멧과 같다 하여 붙여진 이름입니다. 이 골즐은 코로 연결되어 있으면서 속이 빈 상태로, 숨을 들이마시거나 악기처럼 나팔소리를 낼 수 있었을 것으로 추정하고 있습니다.

주로 암컷에게 구애 활동을 하거나 무리 지어 생활하면서 동족들끼리 어떤 소리를 주고받으며 외부공격으로부터 방어하고 지킬 수 있었습니다.

테논토사우루스
Tenontosaurus

종류와 식성 : 조각류/초식성	**시 대** : 백악기 전기
몸길이와 무게 : 6.5~8m/2t	**발견지** : 북아메리카

 '힘줄 도마뱀'이라는 뜻의 테논토사우루스는 튼튼하고 강한 꼬리가 특징으로 꼬리뼈가 매우 단단하고 많은 힘줄이 있어서 붙여진 이름입니다. 다른 초식공룡에 비해 꼬리가 길고 두꺼워 몸의 중심을 잡아주는 데 큰 역할을 하고 있습니다. 또한 초식공룡에서 보이는 갑옷과 뿔 등의 방어용 무기가 없는 것으로 보아 꼬리의 힘과 중요성을 잘 알 수 있습니다.

 짧은 앞발로는 땅을 짚거나 나뭇가지를 움켜쥐었고 2족 보행으로 날렵하게 달렸을 것으로 추정하고 있습니다.

투오지앙고사우루스
Tuojiangosaurus

종류와 식성 : 검룡류/초식성	시 대 : 쥐라기 후기
몸길이와 무게 : 7m/4t	발견지 : 유라시아

 '투오지앙의 도마뱀'이라는 뜻의 이 공룡은 검룡류에서 볼 수 있는 등에 난 골판이 특징입니다. 스테고사우루스 보다는 작고 뾰족한 골판이 17쌍 줄줄이 솟아있고 꼬리에는 4개의 골침이 솟아있습니다.

 투오지앙고사우루스는 아시아에서 처음 발견된 검룡류로서, 육중한 네 다리로 4족 보행을 하였으며 온몸에 솟은 골판과 골침으로 육식공룡의 공격에 두려워하지 않고 잘 맞서 싸울 수 있었습니다.

트리케라톱스
Triceratops

종류와 식성 : 각룡류/초식성	시 대 : 백악기 후기
몸길이와 무게 : 8~9m/6~12t	발견지 : 북아메리카

 '세 개의 뿔이 있는 얼굴'이라는 뜻의 트리케라톱스는 콧등과 양쪽 눈 위에 큰 뿔이 나 있어서 지어진 이름입니다. 몸집에 비해 머리가 큰 공룡으로, 머리둘레에 난 프릴까지 합치면 머리 길이가 2m나 되는 것도 있었습니다. 프릴에는 단단한 돌기들이 둘러 있어서 공격을 받으면 뿔과 함께 정면으로 돌격할 수 있었을 것으로 추정하고 있습니다.
 튼튼한 뒷다리와 힘 있는 꼬리는 커다란 머리를 지탱하기 위해 중심을 잡아주고 달리기에도 좋은 신체조건이 되었습니다.

파라사우롤로푸스
Parasaurolophus

종류와 식성 : 조각류/초식성	시 대 : 백악기 후기
몸길이 : 10m	발견지 : 북아메리카

 '볏을 가진 도마뱀에 가까운'이라는 뜻의 이 공룡은 머리 뒤쪽으로 2m에 가까운 긴 관이 튀어나와 있어서 붙여진 이름입니다.
 이렇게 튀어나온 관 속은 텅 비어 있으면서 콧구멍까지 연결되어 있습니다. 아마도 이것은 소리를 더 크게 증폭 시켜 내는 진공관의 역할을 하여 동족 공룡을 부르거나 공격을 받았을 때 큰소리로 상대를 제압할 수 있는 무기로 여러 가지 작은 풀잎이나 어린 열매를 먹고 살았습니다.

파키케팔로사우루스
Pachycephalosaurus

종류와 식성 : 각룡류/초식성	시 대 : 백악기 후기
몸길이 : 4~5m	발견지 : 북아메리카(캐나다)

'두꺼운 머리 도마뱀'이라는 뜻의 이 공룡은 박치기 공룡이라는 별명도 가지고 있습니다. 단단하고 두꺼운 머리 주변에 왕관처럼 크고 작은 돌기들이 둘려 있습니다.

큰 나무를 들이받거나 방어를 할 때 머리를 사용하였고, 몸의 중심을 잡아주기 위해 꼬리는 매우 자유롭고 강하였습니다.

2족 보행을 하면서 짧고 뾰족한 앞발톱으로 먹이를 움켜쥘 수 있었으며 민첩하게 행동할 수 있었습니다.

프로토케라톱스
Protoceratops

종류와 식성 : 각룡류/초식성 시　대 : 백악기 후기
몸길이 : 1.5~2m 발견지 : 아시아(몽골, 중국)

　'처음 뿔이 있는 얼굴'이라는 뜻의 이 공룡은 이름과는 달리 특별한 뿔이 있는 것은 아닙니다. 양쪽 볼 뒤쪽 목에 작은 뿔이 있어서 각룡의 조상으로 생각돼서 지어진 이름이랍니다.
　코 아래 뿔처럼 보이는 것은 뿔이 아니고 주둥이로서 나뭇잎이나 이파리뿐 아니라 나무줄기를 긁어먹었을 것으로 보입니다. 콧등부터 머리 뒤로 난 프릴은 방어용이라기보다는 자신을 뽐내기 위한 과시용으로 추정되고 있습니다.
　온순한 성격으로 같은 동족끼리 무리 지어 생활하였습니다.

대표적인 익룡과 수장룡

람포린쿠스
엘라스모사우루스
케찰코아틀루스
크로노사우루스
프테라노돈
프테로닥틸루스
해남이크누스

하늘을 나는 익룡과 물속에 사는 수장룡, 어룡

익룡은 하늘을 나는 비행 파충류입니다.
트라이아스기와 쥐라기에는 크기가 작고 원시적인
람포린코이드가 번성하였고
백악기에는 짧은 꼬리에 좁고 긴 날개를 가진
프테로닥틸로이드, 후기 백악기에는
두개골이 큰 프테라노돈이 대표적입니다.

어룡과 수장룡은 물에 사는 수중 파충류입니다.
이들은 물속에서 작은 물고기들을 먹이로 하였고
지느러미가 잘 발달하여 있습니다.
수장룡은 어룡과는 달리 물속에서 숨을 쉴 수 없어
물 밖으로 얼굴만 내밀어 숨을 쉰다고 합니다.

프테라노돈
Pteranodon

종류와 식성 : 익룡/육식성	시 대 : 백악기 후기
몸길이 : 7~8m	발견지 : 유럽(영국), 북아메리카(미국)

'날개는 있으나 이빨이 없다'라는 뜻의 프테라노돈은 하늘을 나는 익룡 중의 대표입니다. 한쪽 날개만 3m가 넘는 기다란 날개로 높은 곳을 날아다녔으며 바닷가 절벽에서 살면서 물고기나 조개를 잡아먹었습니다. 이름처럼 이빨이 있는 것은 아니었지만 길고 뾰족한 부리로 거뜬히 물고기를 낚아챌 수 있었고 날카로운 발톱으로도 움켜쥘 수 있었습니다. 날개에는 발가락처럼 생긴 발이 날개를 잡아주듯이 달려있어서 날개를 더욱 가볍고 자유롭게 움직일 수 있습니다.

이들은 작은 알을 낳아 절벽 둥지에서 키우는 생활을 하였습니다.

프테로닥틸루스
Pterodactylus

종류와 식성 : 익룡/육식성 시 대 : 쥐라기 후기
몸길이 : 60~150cm 발견지 : 유럽(독일), 아프리카(탄자니아)

'날개의 발가락'이라는 뜻의 프테로닥틸루스는 작은 비둘기 정도의 몸집부터 150cm의 커다란 몸집까지 다양한 크기가 화석으로 발견되었습니다. 날개에는 기다란 갈고리 모양의 발가락이 달려있어서 날개를 접고 앉았을 때 땅을 짚거나 먹이를 움켜쥐는 등 앞발의 역할을 충분히 하였을 것으로 추정하고 있습니다.

대부분 꼬리가 없고 부리가 길면서 뾰족한 이빨이 촘촘하게 나 있는 것으로 보아 물고기를 사냥하여 먹었을 것입니다. 또한 프테로닥틸루스가 발견된 화석에서도 다량의 물고기 뼈가 발견되었답니다.

람포린쿠스
Rhamphorhynchus

종류와 식성 : 익룡/육식성	시 대 : 쥐라기 후기
몸길이 : 60~100cm	발견지 : 유럽(독일), 아프리카(탄자니아)

'부리 주둥이'라는 뜻의 람포린쿠스는 부리가 다른 익룡보다 뾰족하고 펠리컨처럼 입안에 먹이를 담을 수 있어서 지어진 이름입니다.

긴 주둥이와 넓은 날개 때문에 몸의 중심을 잡기 위해 긴 꼬리를 가지고 있습니다. 특히 꼬리 끝에는 마름모꼴로 뭉쳐져 있어서 자유자재로 몸을 움직일 수 있었습니다. 뼈는 새들처럼 속이 비어 있어서 가볍게 날 수 있는 장점이 있습니다.

프테라노돈처럼 바닷가 절벽에 둥지를 틀고 물고기를 잡아먹으며 알을 낳고 새끼를 키우며 생활하였습니다.

케찰코아틀루스
Quetzalcoatlus

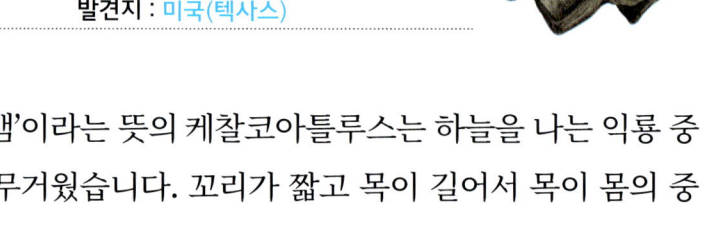

종류와 식성 : 익룡/육식성	시 대 : 백악기 후기
몸길이 : 10~15m	발견지 : 미국(텍사스)

'날개를 가진 뱀'이라는 뜻의 케찰코아틀루스는 하늘을 나는 익룡 중에서 가장 크고 무거웠습니다. 꼬리가 짧고 목이 길어서 목이 몸의 중심을 잡기 위해 매우 튼튼하고 근육이 잘 발달하였습니다.

날개에는 세 개의 발가락이 달려 있고 넓고 커다란 날개 때문에 자유자재로 날기는 힘들고 높은 곳에서 바람을 타고 높이 날아올랐을 것으로 추정하고 있습니다. 늪지대에서 화석이 발견된 것으로 보아 늪에서 물고기를 잡아먹었고 이빨이 없는 대신 단단한 부리로 물고기를 쪼거나 눌러서 꿀꺽 삼켜 먹었을 것입니다.

해남이크누스
Haenamichnus uhangriensis

종류와 식성 : 익룡/육식성	시 대 : 백악기
몸길이 : 12m	발견지 : 대한민국 전라남도 해남군 황산면 우항리

 '해남이크누스'는 우리나라 전라남도 해남군 황산면 우항리에서 화석이 발견되어 지어진 이름입니다. 약 8천만 년 전 한반도의 호숫가에서 살았던 해남이크누스는 날개를 접고 땅에 내려앉았을 때는 날개에 달린 작은 발까지 이용하여 4족 보행을 하였습니다.

 호숫가 갯벌에서 조개나 작은 물고기를 사냥하였으며 날개에 달린 물갈퀴 모양의 발가락으로 갯벌을 파헤칠 수 있었습니다. 발견 당시 뒷발자국의 길이가 35cm, 폭이 10cm로 세계에서 가장 큰 익룡 화석 발자국으로 기록되었습니다. 발자국 개수만 450점이었다고 합니다.

엘라스모사우루스
Elasmosaurus

'판 도마뱀'이라는 뜻의 엘라스모사우루스는 어룡류 중 수장룡에 해당합니다. 쥐라기에서부터 백악기를 거치면서 쥐라기 때에는 5m 정도로 몸집이 작았다가 백악기에 들어서면서 크게는 14m까지 크게 발달하였습니다.

수장룡 중에서 가장 목이 긴 동물로서 목에는 76개의 목뼈를 가지고 자유자재로 움직였을 것입니다. 또한, S자로 목을 휘어 무리로 움직이는 물고기나 작은 물고기를 잡아먹었습니다.

종류와 식성 : 수장룡/육식성	시 대 : 쥐라기 ~백악기
몸길이와 무게 : 4~14m/7t	발견지 : 북아메리카(미국)와 아시아

크로노사우루스
Kronosaurus

종류와 식성 : 수장룡/육식성	시　대 : 백악기 전기
몸길이 : 9m	발견지 : 호주(오스트레일리아)

　'크로노사우루스'는 그리스신화에 나오는 제우스 신의 아버지인 '크로노스'의 이름을 따서 붙인 이름입니다. 그만큼 거대하고 강력하며 모두를 제압할 수 있는 대상이었던 것입니다. 크로노사우루스는 초식공룡처럼 꼬리가 긴 반면 수장룡답지 않게 목이 짧은 특징을 가지고 있습니다. 꼬리와 지느러미로 몸의 중심을 잡으며 깊은 바닷속을 헤엄쳐 다녔습니다. 성질이 사나워서 목이 긴 수장룡들과는 다른 무리로 움직였고, 거대한 머리에 20cm가 넘는 입에는 뾰족하고 무시무시한 이빨이 나 있어서 바닷속의 물고기를 가리지 않고 잡아먹었습니다.

찾아보기/INDEX

ㄱ

기가노토사우루스 육식공룡 20

ㄴ

노도사우루스 초식공 42
데이노니쿠스 육식공룡 18

ㄷ

디메트로돈 육식공룡 22
디플로도쿠스 초식공룡 44
딜로포사우루스 육식공룡 24

ㄹ

람포린쿠스 익룡과 수장룡 90

ㅁ

마멘키사우루스 초식공룡 46
마이아사우라 초식공룡 48
메갈로사우루스 육식공룡 26

ㅂ

브라킬로포사우루스 초식공룡 52

ㅅ

세이스모사우루스 초식공룡 56
센트로사우루스 초식공룡 58
슈노사우루스 초식공룡 54
스테고사우루스 초식공룡 60
스티라코사우루스 초식공룡 50
스피노사우루스 육식공룡 16

100

ㅇ

아파토사우루스	초식공룡	62
안킬로사우루스	초식공룡	64
알로사우루스	육식공룡	28
에오랍토르	육식공룡	30
엘라스모사우루스	익룡과 수장룡	96
오르니토미무스	육식공룡	32
오비랍토르	육식공룡	34
유오플로케팔루스	초식공룡	66

ㅊ

친타오사우루스	초식공룡	68

ㅋ

케라토사우루스	육식공룡	36
케찰코아틀루스	익룡과 수장룡	92
코리토사우루스	초식공룡	70
코엘로피시스	육식공룡	38
크로노사우루스	익룡과 수장룡	98

ㅌ

테노토사우루스	초식공	72
투오지앙고사우루스	초식공룡	74
트리케라톱스	초식공룡	76
티라노사우루스	육식공룡	14

ㅍ

파라사우롤로푸스	초식공룡	78
파키케팔로사우루스	초식공룡	80
프로토케라톱스	초식공룡	82
프테라노돈	익룡과 수장룡	86
프테로닥틸루스	익룡과 수장룡	88

ㅎ

해남이크누스	익룡과 수장룡	94

감수 황보연

경희대학교에서 조류학 및 동물행동학으로 박사학위를 받았어요. 현재는 국립공원에서 멸종 위기에 처한 동물을 연구하고, 보호하는데 관심을 두고 있어요. 또한 어린이 과학책 저자로서 활동하며 자라나는 미래세대에게 환경의 중요성을 알리려고 노력하고 있어요. 주요 저서로는 [생생한 화보 사진으로 보는 백과사전], [숲의 딱따구리], [재미있는 동물 이야기], [숲속 동물들이 사라졌어요], [누가 지은 둥지일까?] 등 70여 권의 어린이 과학책이 있어요.

생생한 화보 사진으로 보는 백과사전

공룡

초판2쇄 발행 2021년 3월 10일
발행처 (주)지원출판 | **발행인** 김진용
기획 및 구성 넓은마당 | **감수** 황보연 | **제작책임** 윤미경 | **마케팅책임** 이홍연
도서/마케팅 문의 전화 031-941-4474 | **팩스** 0303-0942-4474
주소 경기도 파주시 탄현면 검산로 472-3 | **등록번호** 406-2008-000040호
홈페이지 www.jiwonbook.com

@ 본 도서에 실린 글과 그림의 무단 전재나 복제를 금합니다.